AF232022

SOLIDARITÉ DU TRAVAIL ET DU CAPITAL

ou

ORGANISATION DU CRÉDIT

EN FRANCE

SOLIDARITÉ DU TRAVAIL ET DU CAPITAL

OU

ORGANISATION DU CRÉDIT

EN FRANCE

Par C. PERNET

Lyon

IMPRIMERIE REY & SÉZANNE

Rue Saint-Côme, 2

—

1871

SOLIDARITÉ DU TRAVAIL ET DU CAPITAL

ou

ORGANISATION DU CRÉDIT

EN FRANCE

Par C. PERNET

I.

Jamais, au comble du malheur, la France n'avait eu à subir et le démembrement et les conditions écrasantes que la Prusse lui impose aujourd'hui. Quelle navrante situation ! Des revers inouïs nous ont livré à un ennemi implacable, arraché une à une toutes nos illusions, emporté jusqu'à nos plus chères espérances. Tant de catastrophes étaient-elles nécessaires pour extirper de nos mœurs la dépravation, la mollesse, et nous rendre à la moralité, à la vertu !

Un Empire dans l'éclat de sa puissance, une armée qui ne comptait ses combats que par ses victoires, la première nation du monde n'offrant plus de résistance, sombrant tout à coup dans le sang et l'ignominie. Quelles leçons ! Quels châtiments !

Ceux qui depuis longtemps criaient, à tout venant : « Nous sommes les désintéressés, les purs, les hommes d'intelligence et de caractère, » ont saisi le pouvoir. Hommes, argent, dictature, tout leur a été prodigué ; et ils n'ont su que dévorer des milliards, faire mourir l'élite de notre jeunesse de privation, de faim, sur notre sol, au centre du pays, à nos portes, sous nos yeux voilés de honte et noyés de pleurs.

Incomparable et suprême désolation ! Après une paix douloureusement obtenue, Paris, pris de vertige, se révolte contre les mandataires de la Nation, et nous plonge dans les horreurs de la guerre civile. Anathème aux criminels artisans de cette exécrable insurrection.

Jusques à quand, Nation spirituelle, frondeuse et légère, nous obstinerons-nous à tout attendre de gouvernements, qui, pour prix de nos lâches abdications, nous conduisent à pas précipités aux abîmes ? Il y a près d'un siècle que nous prenons plaisir à faire une révolution tous les vingt ans. C'est une leçon donnée à ceux qui nous conduisent ! En est-il résulté un état meilleur ? Oui, nos charges ont augmenté dans une progression effrayante. Pour nous enrichir, nous avons à la dette flottante de nouveaux chiffres, et au budget cinq ou six cent millions de plus. Et tout cela s'obtient par les mêmes moyens, à l'aide de vaines déclamations, de promesses trompeuses. Relisez les discours des conspirateurs célèbres, des tribuns en renom : le fond n'a pas changé. Autoritaires jusqu'au despotisme, ils parlent d'indépendance ; factieux et rétrogrades, ils glorifient la liberté et le progrès. Le procédé est certain pour arriver à la popularité, à la fortune. Aussi chaque

génération voit-elle se lever une nuée de réformateurs audacieux, qui, au sein de la corruption, n'ont d'autres mérites
que de vivre aux dépens de ceux qui les écoutent.

Ne romprons-nous donc jamais avec ces habitudes déplorables d'insubordination et de légèreté? Que tous ceux qui ont
un cœur français réfléchissent, et fassent appel à ce qui leur
reste d'intelligence et de force pour apporter un grain de sable,
ou une pierre taillée, à la reconstruction de notre société
ébranlée jusque dans ses fondements. Mettons enfin un terme
à nos dilapidations, à nos folies, et travaillons de concert au
salut de la patrie. Cet écrit n'a pas d'autre but.

II.

Partons de cette maxime que les plus pervers ne sauraient
nier : « Ne faisons point à autrui ce que nous ne voudrions
pas qui nous fût fait à nous-mêmes, et faisons à nos semblables ce que nous voudrions qui nous fût fait. » Que ce prin-
cipe éternel, base du droit et des devoirs, pour les individus
comme pour les peuples, soit notre règle de conduite. L'égoïsme
et l'esprit exclusif des partis nous ont perdus. La justice et la
fraternité nous sauveront ; elles fonderont parmi nous la liberté
vraie, de laquelle découlera naturellement le respect des
pouvoirs, la pratique du droit, la sécurité pour tous. Nous
vivrons alors à une égale distance du despotisme et de la
démagogie. L'ordre et la confiance prévaudront; les lois religieuses et morales, sans lesquelles il n'y a pas de société
possible, reprendront leur salutaire empire ; un nouvel essor

sera donné au travail, et, par l'activité des facultés libres et respectées de chacun, tous rivaliseront de zèle pour la prospérité commune.

Fuyons, comme le dernier des malheurs, les dissensions, le luxe, l'oisiveté, mère de tous les vices, des effondrements les plus lamentables. Nous en sommes là. Les discordes civiles, la recherche des jouissances matérielles, l'amour effréné des plaisirs, la volupté perdirent les nations antiques. Les races musulmanes, malgré les efforts de l'Europe pour les sauver, succombent sous le poids de l'indolence et de l'immoralité. Des guerres injustes, des luttes dynastiques épuisent l'Italie et l'Espagne. Que tel ne soit pas notre malheureux sort; coupons le mal à sa racine. Le brillant dans les lettres et les arts ne retinrent jamais les peuples sur le penchant de leurs ruines; la foi, les mœurs austères et une activité puissante maintiennent seules la grandeur des nations et les préservent de la décadence.

III.

Deux forces se disputent la domination du monde : le capital et la démocratie. La puissance du capital par les opérations de banque, les jeux de bourse, ses nombreux établissements de crédit, devient chaque jour plus oppressive. Que de fortunes colossales, fruit, nous aimons à le reconnaître, de l'intelligence et de l'ordre ; d'autres, scandaleuses, immorales, entachées de dol, de malversation et de rapine, s'élèvent de nos jours comme par enchantement. Qu'on nous dise où s'arrêtent les ressources de telle maison financière ? Evaluez les revenus, la valeur même

des Etats de second et de troisième ordre, et dites si quelques-
uns de nos banquiers ne les effacent pas par leurs prodigieuses
richesses? Les Roschild, on peut les signaler, leur probité est
reconnue, et la France est heureuse de leur concours dans son
malheur; mais quelle effrayante et rapide accumulation du
numéraire entre leurs mains? Que sont les fortunes princières
en regard des amas d'or dont ils disposent? Leur prospérité
extraordinaire date de ce siècle, et déjà tous les gouvernements
sont leurs tributaires. Que la sage conduite qui préside à la
direction de leurs affaires se continue pendant quelques années
encore, et on peut prévoir le jour où, par leurs capitaux,
ils disposeront des destinées du monde. Est-il prudent, est-il
politique de permettre ces écarts menaçants, cet accaparement
des ressources publiques?

Il est évident pour tout observateur attentif que nous mar-
chons à une dangereuse et progressive concentration de l'argent. Etonnante et anormale situation de la société française!
Est-il possible d'être plus illogiques que nous le sommes?
Nous avons divisé la propriété à l'infini; la loi sur les succes-
sions favorise le morcellement du sol; et tout, dans notre
système financier accélère l'exploitation concentrique du numéraire, comme si le capital, avec les durs travaux de l'homme,
n'était pas le fertilisant indispensable de la terre et de l'industrie.

Au lieu d'une participation abondante à la circulation moné-
taire, légalement instituée pour tous, que fait la France? Elle
laisse des associations puissantes, des hommes avides, créer,

multiplier partout des établissements de crédit, qui reçoivent les moindres sommes avec un faible intérêt, remboursables à vue ou à bref délai, et, par ce moyen, le petit commerce, la petite propriété, c'est-à-dire l'ouvrier, le travailleur, la foule immense des nécessiteux se voient privés de la portion réduite du capital qui se trouvait à leur disposition. La presse elle-même, au pouvoir de grands capitalistes, ne tarit pas d'éloges sur ces entreprises fastueuses qui absorbent la fortune publique, livrant les classes laborieuses dans la détresse aux inspirations malsaines de l'indigence et de la démagogie. Combien d'inventions utiles avortent ou ne peuvent se produire faute de capitaux ? Que d'ouvriers intelligents sont entraînés, séduits par les doctrines subversives de sociétés ténébreuses, parce que l'argent fait défaut à leur activité, à leur industrie !

Et on déplore le peu d'initiative personnelle, on se plaint de l'affaiblissement moral des classes laborieuses, du progrès chaque jour plus redoutable des idées révolutionnaires ! Ne dirait-on pas qu'économistes et gouvernements sont frappés de vertige ? Affligez-vous que les travailleurs ne vous écoutent plus, et constituent l'armée permanente de l'émeute, quand vous avez tout fait pour les séparer, pour les éloigner de vous ! Le capital est le nerf, le sang des affaires, vous le savez ; et vous n'avez rien tenté jusqu'ici pour le mettre et le conserver à la portée de tous ; vous permettez qu'il s'accumule avec une progression effrayante dans certaines mains. Si le prolétariat vit dans l'irritation et la défiance, avouez au moins que vous vous êtes trop peu préoccupé de le rattacher au travail et à l'ordre.

N'entrons dans aucun détail ; mais constatons ce que tout le monde voit. Les scandales de l'agiotage sont à leur comble ; les jeux effrénés de la Bourse en font, comme on l'a dit, le temple du vol, et ceux qui y trônent dévorent les insensés qui osent en franchir le seuil. Coupable et honteux trafic ! N'a-t-on pas fait prêter aux moutons de la Roumélie, au bey de Tunis, à l'empereur du Mexique, à quiconque a sollicité de l'or, avec des primes usuraires, qui ne profitaient qu'aux négociateurs tarés et voleurs ? L'opération terminée était détestable pour les pauvres spoliés, magnifique pour les opérateurs habiles et impunis. Avec ce chantage toléré, organisé, on va à la destruction de la probité et de la moralité publiques.

IV.

La démocratie, telle que les coryphées du parti radical la proclament, n'est pas moins dangereuse. Elle a son point d'appui dans les sociétés secrètes et leurs ramifications innombrables qui couvrent le monde. Pour arriver, tous les moyens sont bons à ces démolisseurs de l'ordre social. Ils font appel aux instincts pervers de l'homme, aux dévorantes convoitises, aux passions et aux jouissances brutales, en mettant surtout en regard des souffrances du peuple, le faste, l'orgueil et l'oisiveté des riches. Leurs enseignements pervertissent les notions du bien et du mal ; ils sèment la défiance, excitent l'envie et la colère des classes les unes contre les autres, afin qu'aux jours d'une lutte fratricide il soit possible aux adeptes d'un sanglant communisme d'atteindre leur but, de spolier ceux qui possèdent et de s'emparer du pouvoir par un audacieux coup de main. Périssent les sociétés plutôt que les principes qu'ils suivent. Demandez-leur quels ils sont ? Ils n'en ont pas d'autre que celui d'une ambition désordonnée, d'une insatiable cupidité. C'est toujours la même et immorale maxime : Ote-toi de là que je m'y mette.

Le radicalisme et la finance tendent au même but : à la domination, à l'asservissement des peuples. Et c'est quand la liberté individuelle, quand l'égalité de tous sont inscrites dans nos lois, que ces hommes pensent que nous abdiquerons notre dignité, notre indépendance devant des théories dérisoires, de sacriléges et criminelles machinations? N'est-il pas évident pour tous qu'avec leur absolutisme autoritaire, ils visent à l'absorption, à la direction de l'humanité à leur profit? Libérâtres et agioteurs travaillent au renversement des sociétés chrétiennes, se rient de l'Evangile, jettent la boue à Jésus-Christ. Il avait dit, ce divin Libérateur : « Vous êtes les enfants du même Père céleste, aimez-vous les uns les autres. » Et eux disent : « La force prime le droit ; dominez sur vos semblables par la ruse, et la terreur sanglante s'il le faut. »

V.

Tout cela est fort triste et peut nous conduire au dernier degré de la dégradation. L'avenir est sombre ; les vérités fondamentales de l'ordre religieux et politique sont ébranlées par des sectes ennemies de tout bien ; nous rétrogradons à grands pas vers la barbarie et la restauration de la tyrannie païenne. Arrêtons-nous, il est temps, sur cette pente fatale. Revenons aux principes éternels du devoir et du droit. N'attendons pas tout, et n'acceptons pas tout de ceux qui gouvernent.

L'homme intelligent et libre ne relève que de sa conscience et de Dieu. Nos devoirs et nos droits sont imprescriptibles. Déployons tout ce qu'il y a d'énergie en nous pour les remplir et les sauvegarder. Dans l'intérêt de la société, si nous déléguons nos pouvoirs pour la confection des lois, écartons impitoyablement les révolutionnaires ; ne choisissons pour nos représentants, que des hommes honnêtes et capables, que nous connaissons pour avoir été et vouloir être toujours, disons le mot, à cheval sur le devoir.

Des fautes graves et nombreuses ont été commises ; il s'agit de les réparer promptement, si nous voulons que la France reprenne sa grande place dans le monde.

VI.

Notre système financier a de profondes modifications à subir. Pour subvenir aux dépenses de l'Etat, nous avons créé des impôts et des impôts, et quand tout a été imposé, et que tout s'est trouvé insuffisant, on a eu recours à la Bourse, la plus funeste des créations. L'assiette de l'impôt est radicalement vicieuse, du reste. La terre supporte tout, et l'argent, beaucoup plus productif aujourd'hui, ne paye rien. Le travail est atteint, frappé sous toutes ses formes. Ses charges sont telles, que le chômage venant à se produire, entraîne avec lui la misère pour le grand nombre et la gêne pour tous. Rappelons les frais généraux qui pèsent chaque année sur nous :

1º Le budget.

2º La Banque de France.

3º Les banquiers, les agents de change et leurs commissions.

4º L'usurier, presque le seul banquier de la petite propriété et du petit commerce.

5º Les hypothèques et les actes qu'elles nécessitent.

6º Les faillites avec leurs interminables procédures, argent et temps perdus.

7º Les pertes considérables causées par le retard des payements, ou par les débiteurs qui mettent leur fortune hors des atteintes de leurs créanciers.

8º Les frais judiciaires de toute nature.

9º La Bourse, la plus onéreuse de toutes les charges.

10º Les Monts-de-Piété, si mal nommés, où l'on prête sur gage à des taux impossibles.

11º Les assurances de tout genre.

12º Les frais d'alimentation, de logement et d'entretien de toute la famille française.

VII.

Voilà les charges à supporter par chacun de nous. Je les crois excessives. Qu'on ne dise pas qu'elles ne pèsent que sur ceux qui en profitent, cela est faux. Tous les objets nécessaires à la consommation sont grevés, outre le prix de revient, des frais de non-valeur, en sorte que les bons payent pour les mauvais. Que l'on consulte tous les commerçants de la terre, ils affirmeront que notre appréciation est rigoureusement vraie. Le contribuable, en France, paye moins en raison de sa fortune qu'en raison de sa consommation. Or, l'ouvrier ne satisfait facilement à ses charges que lorsque les affaires sont poussées à toute vapeur, ce qui est toujours l'exception dans le commerce et l'industrie, et ne se produit jamais pour l'agriculture.

L'abondance du numéraire, le crédit qui le centuple, sont le nerf et le sang des affaires. Sans argent et sans confiance, il n'est pas d'entreprise possible. Or, le moindre point noir à l'horizon, les menées de nos conspirateurs et de nos tribuns forcent les chefs de commerce à réfléchir ; l'or se retire, le crédit disparaît, la stagnation se produit et l'ouvrier demeure sans travail. Voilà pourtant sur quoi repose l'existence des classes laborieuses, et rien pour elles ne peut suppléer au travail. Dieu l'a imposé à l'homme ; il est une des lois primordiales de la vie. S'est-on demandé pourquoi les conditions de

la subsistance du peuple étaient si fragiles ? Comment du faîte
de la prospérité, on tombait dans des crises redoutables, sou-
daines, qui menacent de tout engloutir ? Ah ! c'est que la circulation du numéraire est sans garantie ; c'est que la confiance
et le crédit ne reposent sur rien, absolument rien ; tout au
plus sur des probabilités douteuses, sur des conjectures plus
incertaines encore. Qu'elles soient optimistes, tout est en activité ; pessimistes, tout tombe, catastrophes et désastres se
précipitent.

Cherchons à la facilité, à la sécurité des ressources métalli-
ques et du travail des conditions telles, que rien ne puisse les
ébranler, que nous n'ayons rien à craindre des événements.
Une des causes permanentes du peu de confiance et du manque
de solidité du crédit en France, c'est que le même individu
peut, dans le même moment, faire appel aux capitaux de toutes
les personnes qu'il connaît, et par là emprunter beaucoup
plus qu'il n'a. C'est la pratique ordinaire de tout industriel, de
tout agriculteur embarrassé dans ses affaires. De là les sinistres,
si fréquents sur toutes les places, dans toutes les localités, qui
entravent, ruinent le commerce et toutes les cultures. Suppri-
mons la cause de ces secousses, de ces revers périodiques ; ré-
formons notre système financier ; que personne désormais ne
puisse emprunter plus qu'il ne possède, et que chacun trouve
au trésor public des sommes assurées, jusqu'à concurrence des
deux tiers au moins, sinon de la totalité de son avoir.

VIII.

L'Etat seul a droit de frapper l'or, l'argent, la monnaie de billon et le papier ; seul il leur donne un titre de valeur. Que seul encore il en active, surveille et garantisse la circulation.

Etablissons une caisse générale de crédit en France, dans laquelle verseront et puiseront en toute sûreté et à toute heure, prêteurs et emprunteurs, suivant leur surabondance ou leurs besoins.

Cette caisse générale se substituera de plein droit aux établissements innombrables de banque, d'associations, d'assurance, de crédit en tout genre, qui ne fonctionnent qu'au profit de leurs fondateurs, en émargeant le produit le plus net et la part la plus large du travail français. Pourquoi livrer l'exploitation de tous aux avantages démesurés de quelques-uns ?

Avez-vous des sommes disponibles ? Sans inquiétude sur leur placement, vous les déposerez à la caisse générale. Manquez-vous des capitaux nécessaires à votre commerce ? La même caisse vous prêtera sur garantie, sans vaines et dispendieuses formalités.

Payeurs-généraux, receveurs particuliers et percepteurs seront, dans toute l'étendue du territoire, les représentants de la caisse générale. Connaissant, par la part contributive de l'impôt, la fortune et jusqu'au revenu approximatif de chacun, rien ne sera plus facile, le registre des hypothèques en main, que de déterminer ce qu'il sera possible de prêter, à quiconque se présentera, en toute sécurité et sans aucun risque.

La caisse générale sera placée sous la haute surveillance d'une commission, au choix des membres du Corps législatif. Empruntant de tous et prêtant à tous, facilitant, assurant les prêts et les emprunts, considérables ou non, elle coupera court à l'usure, aux malversations de tous les jours, donnera à la confiance, au crédit la base et la solidité même du sol ; elle activera la circulation du numéraire, développera les entreprises, multipliera l'argent et les opérations, et créera la permanence du travail pour la terre et l'industrie. L'Etat et les particuliers pourront entreprendre et réaliser toutes les améliorations progressives et utiles. Vous aurez établi une digue insurmontable aux tripots scandaleux, aux délits sans cesse renaissants du maniement de l'or, la honte de la civilisation et du monde financier. Vous aurez définitivement et honorablement fondé le crédit français.

L'intelligence et le travail, la terre et le capital seront, dès lors, comme ils auraient dû l'être toujours, l'unique et inébranlable fondement des transactions. Vous n'opérerez plus sur des probabilités, des conjectures, mais sur ce qui porte et fait vivre le monde, le sol, le numéraire et l'incessante application des forces du corps et de l'esprit. L'homme, digne de ce nom, l'ouvrier moral et laborieux seront véritablement libres et indépendants ; ils trouveront en eux et aux sources abondantes de la richesse publique tous les moyens pour développer leurs aptitudes et leur capacité. La valeur et l'initiative personnelle seront l'appoint de l'héritage des ancêtres, et, par l'exercice de ses facultés, le travailleur, quel qu'il soit, pourra justement prétendre à l'aisance, à la considération. Tous les éléments de la production seront mis en activité ; les idées généreuses, les inventions profitables seront applaudies, encouragées ; l'ère ruineuse, stupide, des révolutions, définitivement fermée. Pas une obole de l'avoir ne sera perdue, pas un effort sacrifié ; la fortune nationale universalisée assurera, stimulera l'élan du travail ; la justice et la sécurité la plus absolue présideront au mouvement commercial, agricole.

Le capital ne courant plus aucun risque, garanti par la base et l'indéfectibilité du prêt, on acceptera le 3 p. % comme suffisamment rémunérateur. Le cinq et le six sont des taux que la terre et l'industrie ne peuvent supporter sans entraves et surcharges excessives. Les emprunts de chaque jour et les placements du crédit foncier le prouvent, et ne laissent aucun doute dans l'esprit de l'observateur judicieux et désintéressé.

Si, du reste, les détenteurs de capitaux éprouvent un certain déficit dans leurs revenus, par l'abaissement de l'intérêt, les ressources monétaires, constamment sollicitées et employées, leur offriront une compensation.

IX.

D'après cette organisation du crédit indissolublement lié au sol, au travail, à l'intelligence et à toutes les forces actives de la puissance nationale, il est impossible que la circulation de l'argent, et les affaires qui en dépendent, garanties désormais contre tous les événements, ne prennent pas un essor rapide, merveilleux, au profit de la richesse et de la félicité communes.

Afin d'être à la hauteur des nouveaux besoins et de la marche accélérée du commerce, la caisse générale consentira des prêts sur les marchandises accumulées dans les magasins ou entrepôts de nos grands centres industriels.

Les recettes et les bureaux de perceptions ouvriront un compte par *doit* et *avoir* à tout individu de leur ressort, où figurera à son avoir tout ce qu'il possède, et à son débit tout ce qu'il doit. Dès qu'un débiteur cessera de remplir les engagements qu'il aura pris, sommation sans frais lui sera faite de rendre la somme empruntée et les intérêts échus. Après un délai de huit jours au moins, d'un mois au plus, s'il n'a pas obtempéré, son avoir sera mis en vente jusqu'à entière extinction de sa dette, un homme d'honneur devant payer tant qu'il lui reste de quoi se libérer.

Ambassadeurs, chargés d'affaires et consuls seront les représentants de la caisse générale à l'étranger, et ses intermédiaires auprès des commerçants, qui, dans l'intérêt de leur négoce, auraient transporté hors de France leur domicile. Avec cette extension et cette solidité du crédit, nous ne craignons pas de l'affirmer, vous aurez donné une vie nouvelle, un élan immense au commerce, à l'agriculture, universalisé, maintenu efficacement un travail incessant, une activité prodigieuse, créé un fleuve métallique, qui portera la fécondité dans le monde entier, et, avec la rapidité de l'électricité, élèvera la force et la prospérité nationales.

X

Depuis bientôt un siècle, nous perdons notre considération, notre influence à élaborer des constitutions, les unes immuables, les autres perfectibles. Toutes ont été emportées au moindre vent d'orage, toujours à notre plus grand détriment. Les révolutions violentes produisent plus de mal que de bien. Le remède aux maux dont nous souffrons est moins dans des réformes constitutionnelles, variables et problématiques, que dans un retour prompt, définitif à l'ordre, au respect, à un travail constant, assidu, qui moralise, à toutes les idées religieuses, élevées, qui servent de fondement aux sociétés, font les grands peuples, les civilisations durables, brillantes et enviées.

Les changements politiques n'extirperont jamais les vicieux penchants qui sont au cœur de l'homme. Sous tous les régimes vous aurez des ambitieux, des mécontents, des âmes faibles, des hommes pervers et corrompus, qui ne reculeront devant aucun crime, tenteront de détruire tout ce qui leur résiste.pour vivre au gré de leurs désirs, assouvir leurs passions détestables, asservir et dominer le monde. La révolution est toujours au sein de l'humanité à l'état actif ou latent.

Lorsque les ateliers sont pleins, que le travail presse, que les ouvriers ne suffisent plus, lorsque la main-d'œuvre offre un prix rémunérateur, de gros salaires et des bénéfiées assurés, les perturbations sociales sont impossibles, parce qu'elles manquent de bras. Si, au contraire, les affaires se ralentissent, si elles tombent, la stagnation et la gêne se produisent dans les classes ouvrières ; la faim menace alors, assiége les grandes villes ; l'innombrable famille des travailleurs inoccupés fournit aux conspirateurs une armée toute prête pour les jours sinistres de l'émeute et des collisions sanglantes.

N'essayez pas de raisonner avec la foule ; ne lui dites pas qu'elle sera trompée aujourd'hui encore, comme elle l'a déjà été tant de fois ; que les émissaires de sociétés ténébreuses, les tribuns révolutionnaires ne sont que des hommes déclassés, perdus de vices, avides de bouleversements afin d'arriver sans peine aux jouissances, à la fortune. Ne dites pas au peuple soulevé, qu'il se précipite aux abîmes, court à sa perte, et que son sang sera le seul versé. Il ne vous écoutera pas, s'éloignera de vous et vous repoussera. Les déshérités de ce monde vous traiteront de conservateurs, railleront votre honnêteté satisfaite, se jetteront tête baissée dans la révolution, espérant qu'à force d'en faire ils obtiendront peut-être ce qui leur est nécessaire : le travail et la sécurité du lendemain.

Voilà la cause permanente, efficace, qui pousse les travailleurs contre ceux qui possèdent.

Ajoutez à cela l'action dissolvante, redoutable des sociétés secrètes, de l'*Internationale*, que tout gouvernement d'ordre devrait proscrire sans hésitation et d'une manière absolue. Défendez impitoyablement toute affiliation occulte, tout conciliabule démagogique. Protégez, encouragez toute réunion publique, libérale, progressive ; les intérêts de tous, le droit social vous en font une loi impérieuse, urgente, nécessaire. Les idées vraies, généreuses, n'ont rien à craindre du grand jour ; les théories malsaines, subversives, seules cherchent le silence et les ombres de la nuit : *qui male agit, odit lucem.* Maintenons, développons l'indépendance et la liberté de tous, en pleine lumière, au vu et au su de tout le monde, dans l'activité croissante et le progrès du bien, par la diffusion bienfaisante et universelle de la vérité.

XI.

Beaucoup d'hommes politiques parmi nous aspirent, qui à la constitution américaine, qui à la constitution anglaise. Hélas ! les traditions et les mœurs qu'on n'improvise pas, ne sont point identiques entre ces deux peuples et nous. L'immensité du territoire des premiers suffit à toutes les ambitions et les épuise ; le commerce illimité et l'industrie colossale des seconds, établis sur des bases autrement puissantes et durables qu'en France, constituent, pour ces nations, des coutumes et des habitudes essentiellement différentes des nôtres.

Nous sommes Français ; malgré les ruines et les conflagrations présentes, restons Français ; ayons seulement le courage de répudier l'impiété, la corruption et l'égoïsme qui nous ont perdus. Revenons à l'amour de Dieu et du prochain, la seule grande loi qui protège et sauve l'humanité. Cherchons d'abord le salut public, l'intérêt général, et nous y trouverons les avantages de tous et de chacun.

Cela est tellement vrai, que les fortunes extraordinaires et improvisées de notre siècle, excitent les convoitises et les passions mauvaises du prolétariat. Le socialisme les offre comme une proie aux cupidités rapaces de la multitude en délire. L'habileté des détenteurs de l'argent à détourner le pillage de leurs caisses n'aurait jamais pu réussir, si la justice et la courageuse énergie des gens d'ordre n'eût opposé un rempart insurmontable aux flots montants du communisme, ou mieux, du banditisme européen.

L'exploitation appelle l'exploitation. Qu'on ne le perde point de vue, tout ce qui enrichit d'une manière fabuleuse, disproportionnée les individus, nuit au grand nombre, est entaché de fraude, de malversation, ce que Dieu et les peuples ne pardonnent jamais.

Ayons une bonne fois pour toutes le courage de mettre un terme à nos déplorables et criminelles agitations, aux abus de l'agiotage, aux honteux trafics de l'argent. Que tous les prêts et tous les emprunts se fassent à ciel ouvert, qu'ils soient acceptés, enregistrés par les agents du trésor, qui seront ceux de la caisse générale. Facilitons, universalisons le crédit, donnons-lui la solidité même du sol, et l'agriculture et l'industrie se disputeront l'emploi de toutes les forces et de toutes les ressources nationales. Les travailleurs, tous et toujours occupés, repousseront les doctrines perverses, rompront avec les agitateurs, ne songeront plus qu'à arriver à l'aisance, au bien-être, en suivant la voie laborieuse et honnête largement ouverte devant eux.

Nous cesserons alors, par nos accès révolutionnaires, d'être l'effroi des nations civilisées ; nous en deviendrons, au contraire, le modèle et l'appui, par le développement rapide de l'agriculture et du commerce, notre amour des sciences et des arts, nos recherches infatigables de l'idéal, notre supériorité incontestée dans l'application des sciences et dans toutes les productions de l'esprit.

Un gouvernement sage s'attache plus encore à prévenir le mal et les écarts qu'à les punir et à les réprimer. L'anarchie et les tripots scandaleux ne nous ont-ils pas assez coûté de honte, de sang et de ruines ? Il faut en finir, il en est plus que temps, aux regards et aux jugements des consciences honnêtes et françaises.

La circulation accélérée du numéraire, les affaires augmentées accroîtront dans une mesure considérable nos ressources budgétaires. Si la transformation et l'organisation définitive du crédit causent aux capitalistes des pertes momentanées, ils trouveront une compensation dans la consolidation, nous l'avons dit, de leur position acquise, et dans la sécurité désormais assurée de toutes leurs opérations.

XII.

Des sommes improductives et énormes sont immobilisées, comme fonds de réserve, par toutes les maisons de commerce, par toutes les associations financières et industrielles. Ces retenues ne resteront plus sans emploi, et contribueront puissamment à l'activité, à la richesse de tous. Les capitaux nécessaires aux grandes et sérieuses entreprises seront à la disposition de tous ceux qui voudront les commencer et les poursuivre. Une voie spacieuse sera légalement ouverte à l'initiative individuelle, à la noble émulation de tous, à quiconque concevra une idée généreuse, élevée, et se sentira capable de la soutenir, de la faire fructifier dans le chemin austère, inflexible de la probité. Plus d'annonces trompeuses, de manœuvres coupables, d'appas séducteurs, d'opérations frauduleuses à l'aide desquelles on volait publiquement, impunément la foule des gens simples et des créanciers intègres.

Toutes les fortunes seront au grand jour et se connaîtront invariablement par le *doit* et l'*avoir* au bureau des finances de leur ressort. Ceux-là seuls seront trompés dans les affaires, qui voudront l'être. La caisse générale du crédit, la vulgarisation de la fortune publique mise à la disposition et à l'application de tout travail fructueux, utile, avec des garanties que rien ne saurait frapper ni ébranler, solliciteront l'ambition louable des ouvriers, forceront leur moralisation et, par là, conduiront inévitablement à la paix, à la grandeur et à la prospérité de la France.

Pourquoi ne pas ouvrir à tous les sources abondantes et intarissables de la richesse publique, en n'en laissant plus le monopole et l'exploitation préjudiciables à quelques-uns seulement? Pourquoi ne pas fermer à jamais l'ère déplorable des révolutions, en inaugurant celle d'une activité féconde et d'une prospérité croissante ?

Pourquoi encore, puisque nous en sommes à indiquer les moyens d'enrichir et de pacifier la France, pourquoi les fonctions les plus lucratives , celles des finances, se conféreraient-elles sans aucune rétribution pour l'Etat ? L'accès des recettes et des différentes perceptions est des plus faciles ; l'exercice de ces emplois est honoré et assure de magnifiques dividendes. La concession des bureaux de tabacs, qui sont innombrables, et dont les revenus, pour le grand nombre, déjà très-considérables, vont en augmentant chaque jour, se fait gratuitement. Les heureux favoris de la fortune et du pouvoir seraient-ils en droit de se plaindre si on frappait, du dixième ou du vingtième de leur rendement, ces positions si simples à remplir, ordinairement sous-louées, accordées, nous le voulons bien, à titre de récompense, mais souvent aussi, les plus enviées surtout, en pure libéralité et par faveur ?

Une mesure générale, applaudie par tous les esprits justes, vient, dans la détresse où nous nous trouvons, de soumettre à une retenue régulière et fiscale tous les traitements qui s'élèvent au-dessus de la somme de 3,000 fr. Pourquoi, en descendant même au-dessous de ce chiffre, n'en serait-il pas ainsi des places dites de faveur et de celles qui s'y rattachent de si près ?

En nos jours de revers et d'épuisement sans exemple, la France doit faire appel à toutes les ressources dont elle dispose, pour réparer ses désastres.

Elle peut, par une nouvelle organisation du crédit, réconcilier le travail et le capital, fermer l'ère des révolutions, assurer et développer d'une manière prodigieuse la richesse publique, la prospérité de l'agriculture, du commerce et de l'industrie.

Au gouvernement dans son patriotisme, aux législateurs intelligents d'apprécier, de reconnaître la sagesse des mesures proposées.

Je n'ignore pas que ces réformes sont radicales et profondes ; mais aux grands maux les grands remèdes.

Aurons-nous le courage de ne pas les repousser ? Je l'ignore. En les indiquant, j'ai fait mon devoir.

Habitant la seconde ville de France, un des grands centres industriels du monde, placé à la tête d'une exploitation prospère, je ne propose que ce que mon expérience personnelle et celle de commerçants honorables et pratiques démontrent utile et vrai. A ceux qui portent les destinées de la France d'en déterminer l'application. Réglant dans l'intérêt de tous ce qui, jusqu'ici, n'a été que le profit exhorbitant, exclusif, des privilégiés de la Banque, pacifiant les classes, unissant les esprits, excitant le travail, donnant un ʼessor durable, immense, aux fortunes privées et publiques, ils auront bien mérité de Dieu et de la patrie, seule ambition digne d'hommes dévoués et intègres, la seule que nous sentions en nous, et qui ait dicté jusqu'au dernier mot de cet écrit.

Aux Brotteaux, le 5 Mai 1871.

Lyon, impr. Rey et Sézanne, rue St-Côme, 2.